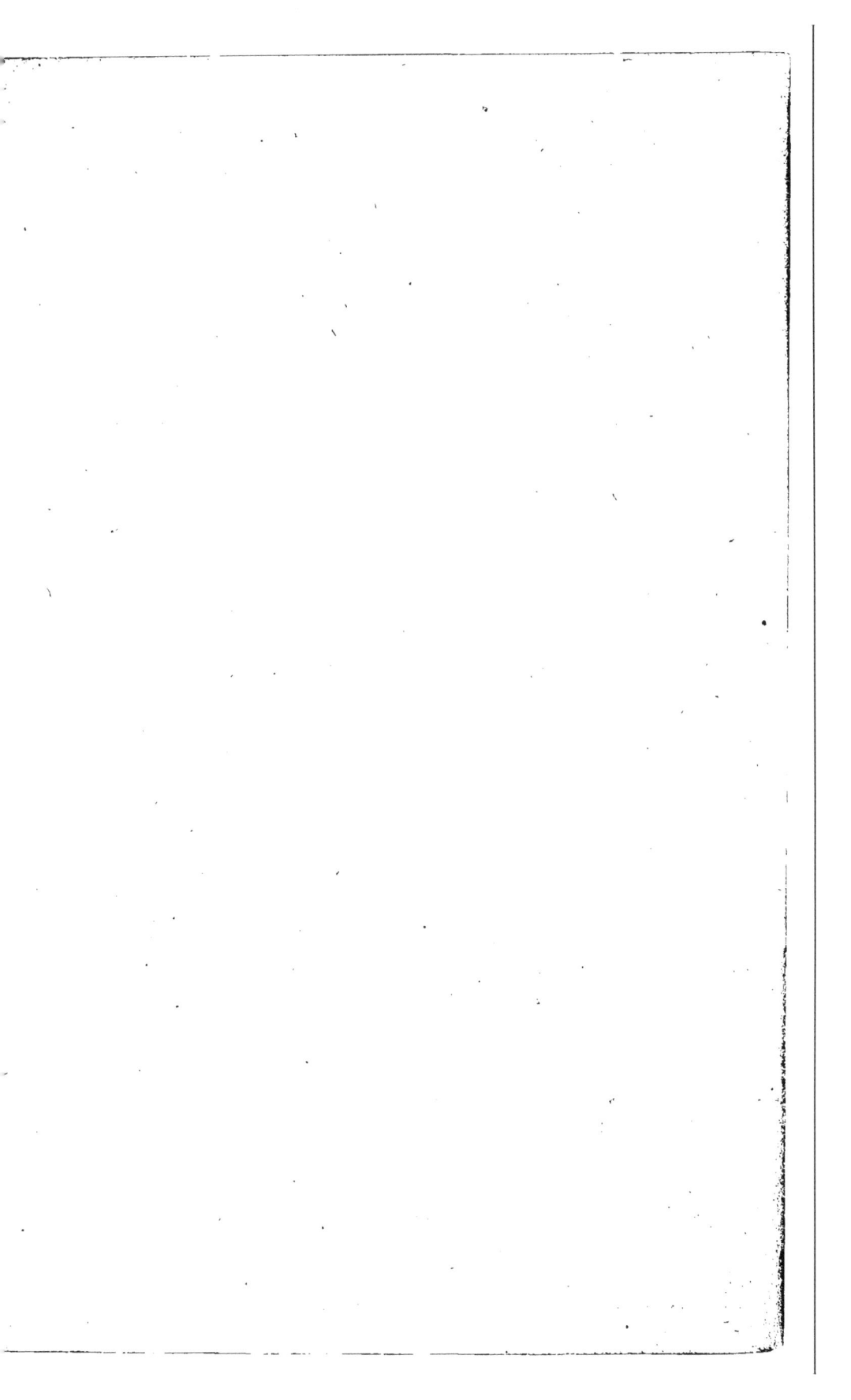

(c)

2283

DE LA CRÉATION

D'UNE

BANQUE D'AGRICULTURE

LIÉE

A LA DETTE PUBLIQUE,

SUIVIE DE

DEUX PÉTITIONS AUX MINISTRES ET AUX CHAMBRES,

Par M. COLLIÈRE DE BONIFACIO,

ANCIEN AGENT PRINCIPAL DES FINANCES ET DES SUBSISTANCES AUX ARMÉES.

« Le sol français dort, faute de numéraire pour
« le réveiller ; la terre est là ; les bras sont là ; mais
« l'argent manque pour les féconder l'un par l'autre. »

(DE LAMARTINE.)

PARIS,

CHEZ TOUS LES LIBRAIRES DU PALAIS-ROYAL.

1844

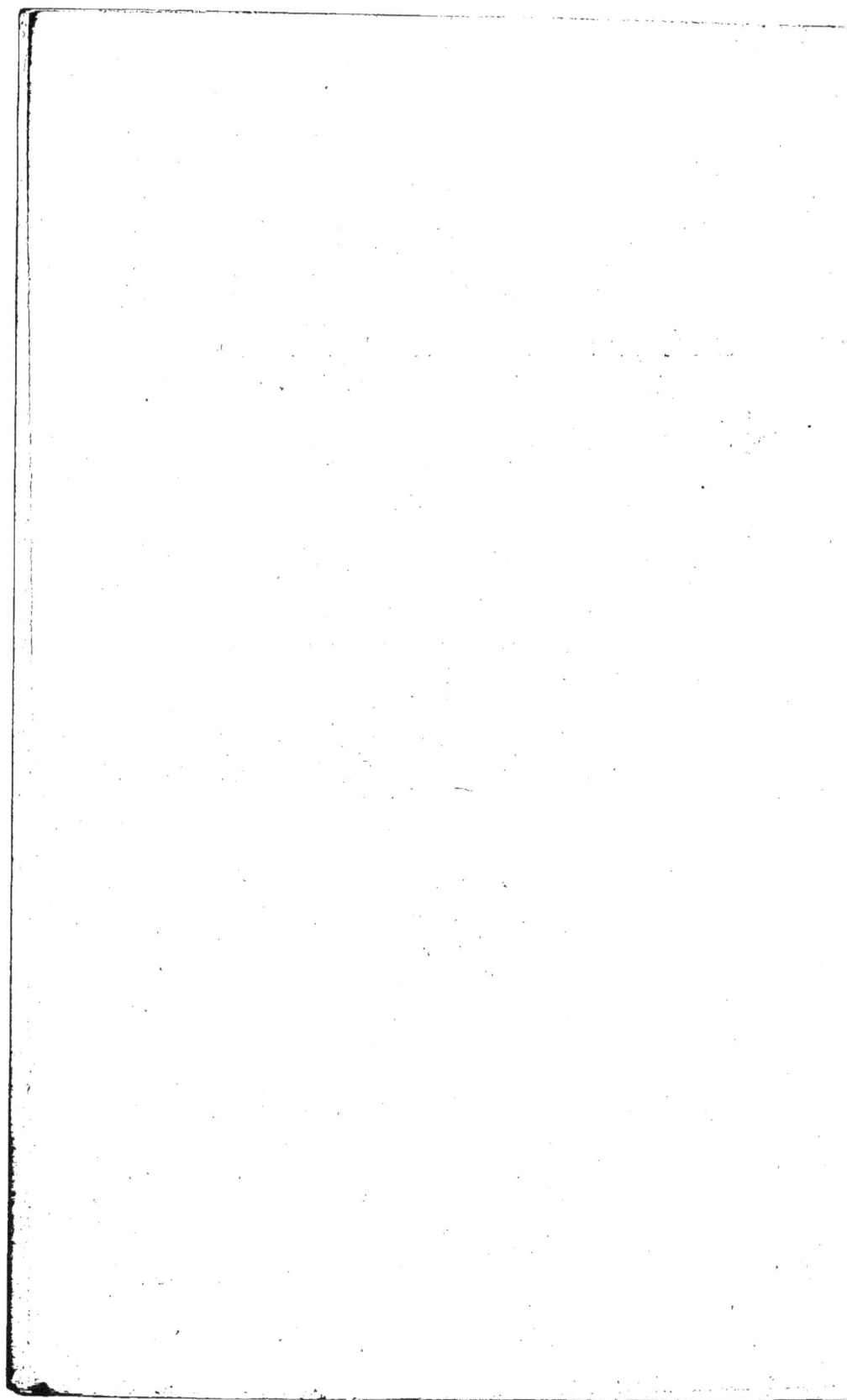

DE LA CRÉATION

D'UNE

BANQUE D'AGRICULTURE

LIÉE

À LA DETTE PUBLIQUE.

CHAPITRE Ier.

OBJET DE CE TRAVAIL.

1. Tout le monde reconnaît que la dette publique écrase la France parce que 250 millions de l'impôt sont consacrés à en servir les seuls intérêts ; que la dette hypothécaire qui s'élève à 11 milliards écrase les campagnes, parce que le service des intérêts absorbe plus de 500 millions enlevés aux profits les plus nets des cultivateurs ; que le manque de capitaux qui est la conséquence de cet état de choses empêche tout progrès de l'agriculture, puisque sans capitaux on ne peut ni améliorer les anciens instruments, ni en introduire de nouveaux, ni faire des essais coûteux de culture, ni accroître le nombre des bestiaux pour accroître la quantité des engrais, etc.

2. De là est née une double pensée : la pensée de diminuer l'impôt par le remboursement successif de la dette publique ; la pensée de créer une banque particulière de crédit à longs termes pour fournir des capitaux à l'agriculture et la mettre à même de s'exonérer par ses rapides progrès de la charge la plus lourde de la dette hypothécaire.

3. Bien des systèmes ont été imaginés, soit pour le remboursement de la dette publique, soit pour la création de Banques d'agriculture : celui-ci se distingue des autres en ce qu'il associe les deux idées et que la loi de remboursement facultatif de la rente procurera précisément le capital de la Banque d'agriculture ; de sorte que les rentiers à rembourser les derniers deviendront les banquiers ou capitalistes de la Banque d'agriculture. Cette loi de remboursement, au lieu d'exciter leurs justes plaintes, doit donc au contraire satisfaire leurs

1844

espérances, puisqu'au lieu d'une perte ils auront des bénéfices à réaliser par suite de l'adoption d'une telle mesure.

4. A ces considérations générales nous en devons ajouter d'autres tirées de l'insuffisance des produits actuels de la France en céréales pour sa consommation, et de l'énorme quantité de numéraire qui sort du pays dans les années mauvaises ou médiocres pour l'achat des blés étrangers, pour l'achat des bestiaux nécessaires à la nourriture du peuple et des laines destinées au tissage de nos vêtements.

5. Ainsi, le savant statisticien, M. Moreau de Jonnès, constate que, faute d'encouragement, notre agriculture ne produit pas le blé nécessaire à notre propre consommation; que de 1816 à 1839 nous en avons tiré de l'étranger pour 415 millions de francs.

6. Ainsi encore M. Royer, nommé récemment inspecteur au ministère de l'agriculture, constate également, dans une nouvelle statistique qui se compose de documents officiels, que le produit annuel du blé est évalué à 1,103 millions de francs, pour 70 millions d'hectolitres à 15 fr. 85 c. prix moyen.

7. Tel est donc l'état réel des choses en France. Voyons celui qui résulterait de la solution du problème qui nous occupe.

8. Et d'abord, chacun de ses 33 millions d'habitants a besoin, pour une nourriture suffisante, d'au moins 6 hectogrammes (1 livre 1/5) de bon pain tous les jours; ce qui exigerait, au lieu de 70 millions d'hectolitres de blé, l'emploi de 100 millions. Ces 100 millions d'hectolitres, non à 15 fr. 85 c., mais à 18 fr., rapporteraient à l'agriculture, au lieu de 1,103 millions de francs, 1,800 millions que la banque lui garantirait dans tous les temps. Enfin, au lieu de 415 millions de numéraire exportés, la France, par des travaux incessants et bien rétribués, serait aujourd'hui, riche de cinq fois la même somme en réserve d'argent ou de produits agricoles susceptibles de conservation, appartenant à la Banque d'agriculture, si depuis le retour de la paix, notre agriculture eût été encouragée de la manière que l'avait entrevue Napoléon, et comme le disait aussi M. le député Laffitte, dans son discours sur le budget des voies et moyens en 1829.

9. Ce qu'on n'a pas fait il est encore temps de le faire.

10. L'encouragement dont il s'agit ne coûterait pas un centime à l'impôt, et il éviterait la division à l'infini des terres dont se plaignait déjà François de Neufchâteau (ministre) dans un conseil d'État présidé par l'Empereur: il arrêterait enfin, par un intérêt personnel plus fort que celui qui le cause, ce morcellement progressif

qui nous fait jeter chaque année trois milliards à la mer, comme le dit si bien, avec M. de Gasparin, le journal la *Démocratie pacifique* (numéro du 14 août 1843).

11. « Non, l'homme ne se trouve pas désarmé en présence du
« fléau des inondations, qui entraîne tout aux fleuves et à la mer;
« si l'homme n'arrête pas ce fléau, il consent à une humiliante ab-
« dication. »

12. Cette vérité que le journal *le Siècle* vient de proclamer peut s'appliquer à l'agriculture. Son fléau, à elle, c'est le manque de ca-pitaux, c'est l'usure qui dévore les propriétaires et les fermiers, c'est l'insuffisance de ses moyens d'action pour tirer du sol tout ce qu'il peut produire, pour fertiliser les terres incultes, pour augmen-ter les élèves de bestiaux et abaisser le prix de la viande à la portée du pauvre travailleur des villes et des campagnes. Oui, si l'homme d'État n'arrête pas ce fléau, s'il ne met pas l'agriculture à même de se relever, de se soutenir, de progresser, il consent à une humi-liante abdication, il met la France au-dessous des autres États de l'Europe dont l'agriculture dépasse la nôtre, il tend à appauvrir peu à peu le pays par les importations nécessaires de blés, de bestiaux, de denrées, de matières premières que nos champs fertiles devraient et pourraient fournir si abondamment.

13. Que faut-il donc faire? il faut réaliser la pensée du grand homme qui a dit: « Il n'y a qu'une seule solution possible, c'est de « faire sortir du mal même le remède, en trouvant le moyen d'asso-« cier volontairement les propriétaires de 5 p. 100 avec les pro-« priétaires du sol. » Ces paroles prononcées, au sein du Conseil d'État par l'homme qui, alors dans toute sa gloire, présidait aux destinées de la France, ont paru tellement vraies pour l'avenir du pays, que quand M. Mérilhou, qui les a recueillies, les a fait enten-dre récemment à la Chambre des pairs, toute la Chambre, émue de ce souvenir patriotique, s'écria unanimement: « Oui, oui; très-bien! très-bien! »

14. Ces exclamations approbatives de la haute pensée de Napoléon, que signifient-elles, si ce n'est que la Chambre des pairs désirerait aussi, comme ce puissant génie, faire sortir du mal même le remède par l'association *volontaire* du propriétaire de 5 p. 100 avec le pro-priétaire du sol. Mais, pour parvenir à la réalisation de ce vœu, qui procurerait la plus grande richesse réelle de la France, par des tra-vaux incessants et bien rétribués, il faut que la Chambre des pairs le fasse connaître aux ministres; il faut que, d'accord avec eux, il soit proposé, sans retard, une loi qui exprimera que le possesseur de 5 p. 100 qui consentira à être actionnaire de la Banque d'agriculture,

pour la portion qu'il s'est agi déjà trois fois de lui ôter par cinquième ou par dixième, sera le dernier remboursé, non au prix de 80 ou de 120 francs que l'agiotage fait mettre à cette rente, mais au prix de sa valeur nominale de 100 francs.

15. Ainsi le possesseur de 5 p. 100, actionnaire volontairement de la banque d'agriculture, serait remboursé, après les possesseurs du 4 1/2, du 4 et du 3 p. 100. Que fera de son cinquième ou de son dixième de rente la banque d'agriculture? Elle le vendra pour en donner le capital à l'agriculture sur ses produits, et pour l'encourager à créer en abondance d'autres produits dont les profits seront partagés entre la Banque et les propriétaires du sol.

16. Supposons que, pour être le dernier remboursé, un propriétaire de 5 p. 100 consente à être actionnaire pour le cinquième de ses cinq francs de rente, il lui restera 4 p. 100 qui étant remboursables après les 3 p. 100 monteront de suite à 120 francs, et s'il est démontré que la Banque s'empresserait d'acheter au prix de 50 fr. le cinquième des 5 francs de rente à ceux de ses actionnaires qui voudraient le lui vendre par la suite, cela ne leur ferait-il pas 170 fr. de leur 5 p. 100 au lieu de 121 francs qu'ils valent aujourd'hui. La loi projetée leur serait donc aussi avantageuse qu'à l'agriculture, pour laquelle il y aurait probablement de suite 480 millions de disponibles, si l'intérêt des 5 p. 100 coûte aujourd'hui à l'État 100 millions. Cette observation est si juste qu'un homme éminent par le savoir, l'ancien directeur du contrôle central du trésor, le finannancier le plus estimé de MM. les comtes Roy et Molien, M. le chevalier Petit, écrivait à l'auteur en 1838 : « Vous avez résolu le pro« blème le plus important pour la plus grande richesse réelle de la « France, et pour élever à son apogée son crédit public qui serait « alors bien autrement assis que celui de ses voisins d'outre-mer. »

17. L'opinion de cet homme, l'un des plus avancés dans la science de l'arithmétique, pratique et spéculative de la finance et de la banque, semblerait donc devoir être de quelque valeur aux yeux des hommes d'État, pour leur inspirer la confiance d'examiner, d'approfondir eux-mêmes cette importante question, dont la solution est due, dit le chevalier Petit, à une heureuse inspiration.

18. Il faut bien que cela soit ainsi, car pour de la science, je n'en ai pas, quoique j'aie été agent principal des finances et des subsistances aux armées, où il ne fallait d'autre mérite que de prendre la peine de requérir.

19. Les profits de l'association des propriétaires de 5 p. 100, avec des propriétaires du sol, seront ultérieurement démontrés.

20. Examinons maintenant quelques-unes des objections.

Voici autant qu'il m'en souvient ce que disait récemment M. le conseiller d'État Michel Chevalier, dans le *Journal des Débats* (n° du 30 juillet dernier).

« Ceux qui s'occupent en France des grandes questions sociales
« pour le bonheur de l'humanité auront beau semer le talent, le
« génie, le courage, les veilles et même leur argent, ils ne recueille-
« ront que d'amères déceptions s'ils se refusent à tenir compte du
« *temps.* »

Le *temps* exprime-t-il ici les années? —Il y a deux ou trois siècles qu'on cherche en France la solution de la Banque d'agriculture.

Le *temps* : — Est-ce pour dire le temps qui court; le temps où nous vivons? Ce serait une critique amère du gouvernement.

21. Au surplus, de quelque manière qu'on veuille l'entendre, peu importe : le temps est très-propice pour l'affaire qui nous occupe ; et c'est M. Michel Chevalier lui-même qui va le prouver.

Qu'on lise en effet l'article publié par lui dans le *Journal des Débats* du 21 juillet 1840, sur un projet de réserve de blé, dont il faisait si bien sentir toute l'urgence au gouvernement et aux économistes. Les réserves de blé étant la principale affaire de la Banque d'agriculture, nous devons dire la différence qu'il y a entre le projet d'alors et celui d'aujourd'hui : c'est qu'alors on demandait à l'État, pour l'exécution des réserves, une avance de 250 millions de francs, et qu'à présent ce serait la banque qui ferait l'avance à l'État de tous les fonds dont il aurait besoin désormais, sans être obligé de recourir à des emprunts publics. Si M. Michel Chevalier veut soutenir le projet d'aujourd'hui dans les *Débats*, avec la moitié du talent qu'il a mis à faire valoir le projet de 1840, ce serait le plus grand pas de fait vers la solution du problème, parce que l'article de M. Michel Chevalier exciterait ses collègues conseillers d'État, patriotes comme lui, à prendre connaissance de notre projet dont le mérite n'est pas à la science, mais à l'une de ces heureuses inspirations envoyées pour le bonheur de leurs semblables à ceux à qui elles ne profitent d'aucune manière, quand, dans un orgueil impie, ils prétendent ne les devoir qu'à eux seuls.

22. La Banque d'agriculture avancerait à l'État sa part de fonds dans sa participation avec elle, pour l'exécution des chemins de fer, en régie intéressée avec limite; et elle lui éviterait de recourir désormais aux emprunts publics.

23. Le principe du projet est fondé sur le refus qu'a fait, par trois fois diverses, la Chambre des pairs à celle des députés et aux ministres, de réduire à 4 ou à 4 1/2 les 5 p. 100. Enfin il réaliserait complétement la plus haute pensée de Napoléon pour la France. Dans

une séance du Conseil d'État où la même question de réduction était agitée, il la repoussa avec indignation, en disant : « Vous voulez ex- « ploiter les 5 p. 100, parce que vous ne voudriez pas en libérer « l'État, si vous en aviez les moyens. Car bien que l'agiotage y fasse « mettre un prix différent de celui de leur valeur nominale de 100 fr. « vous n'avez pas plus le droit de les rembourser au-dessus ou au- « dessous de ce taux, que vous n'avez celui de le faire du tiers ou des « deux tiers consolidés. Une fois entrés dans cette voie d'arbitraire, « où vous arrêteriez-vous, vous, et vos successeurs? Faites mieux, « messieurs, atteignez d'un seul élan le but le plus saint de la révo- « lution française : qu'à tout jamais il soit assuré un salaire suffi- « sant aux travailleurs ; faites enfin sortir du mal même le remède, « en *trouvant* le moyen d'associer volontairement le plus grand nom- « bre de propriétaires de cette rente avec des propriétaires du sol « à la fortune du pays. »

24. C'est là tout notre projet de Banque d'agriculture pour la France, ni plus ni moins.

25. C'est pourquoi un administrateur de mœurs antiques qui as- sistait à cette séance du conseil d'État, le chevalier Petit, alors in- specteur général des finances, m'apprit, par sa lettre précitée, que j'avais résolu, de la manière entrevue par Napoléon, la question qui importait le plus à la richesse réelle de la France, en orga- nisant des travaux incessants et bien rétribués pour tous, au moyen d'une association facultative, mais forcée par le puissant mobile de l'intérêt personnel, d'après la loi de remboursement qui serait rendue à ce sujet.

26. Cette loi exprimerait que les propriétaires de 5 p. 100 à rem- bourser les derniers au prix de la valeur nominale seraient ceux qui consentiraient à devenir les banquiers de l'association territoriale, pour un cinquième ou un dixième de leur rente, et pour participer aux bénéfices de l'association, savoir : moitié pour le propriétaire du sol et moitié pour le propriétaire de la rente.

27. Il est de certaines vérités qui sont si simples que lorsqu'elles sont connues, chacun croit les avoir pensées le premier. Eh bien! oui ; beaucoup de personnes ont eu la même idée ; que chacun s'en empare donc, comme si elle était son propre bien, j'y consens et la chose ne s'en fera que plus vite !

28. Le roi Louis-Philippe a relevé la statue de Napoléon, et fait revenir ses cendres ; pourquoi ne verrait-on pas les paroles de ce grand homme en action sous le même règne, pour le plus grand soulagement de l'humanité ?

29. Pourquoi, pendant qu'on consacre tant de millions aux dépenses les plus improductives où aucun de nos gouvernements ait été entraîné; pourquoi ce même gouvernement n'encouragerait-il pas de toute son énergie, l'établissement qui serait la plus heureuse compensation, tout en diminuant les impôts, parce que les revenus publics s'accroîtraient en proportion d'une consommation double et quintuple même sur certains points, à condition de l'abaissement des droits?

30. Le célèbre économiste Adam Smith a dit, qu'une banque d'agriculture était le problème impossible à résoudre. Oui, pour l'Angleterre, où la dette est plus forte que les revenus agricoles; mais non pour la France, où c'est tout le contraire.

31. Et d'ailleurs, relativement à cette imposibilité, n'avons-nous pas vu naguère la Banque d'agriculture, établie pour Varsovie, par l'empereur Alexandre (*Journal des Débats* du 27 juin 1825)? et le papier de cette banque (*Constitutionnel* du 8 mars 1830) n'était-il pas déjà pris en payement de l'impôt sous l'empereur Nicolas, pour faire de cette contrée de la Pologne la plus riche de la terre? Mais tout a été détruit pas son insurrection de 1830, qui a suivi de près la nôtre ; la nôtre n'a rien détruit sous ce rapport, parce que rien n'était commencé.

32. La France est dans une position exceptionnelle pour l'établissement d'une Banque d'agriculture, et pour atteindre avec elle le plus haut degré de prospérité. La continuation d'heureuses existences, et de toutes les industries proprement dites, excepté quelques-unes comme celle de Sedan, semble dépendre du prompt établissement de cette Banque qui centuplerait le mouvement commercial.

33. Pitt, le créateur des Banques provinciales de l'Angleterre, se plaisait à répéter que c'était celui de ses œuvres dont il se glorifierait toujours le plus. Cependant un jour qu'il en parlait ainsi devant un chargé d'affaires de Louis XVI, celui-ci lui dit que, lorsqu'on établirait en France une Banque d'agriculture, ayant autant de succursales que de provinces, la France dépasserait promptement et de beaucoup l'Angleterre pour la richesse réelle. L'oligarque blessé dans sa vanité s'en vengea d'une manière qui eût été déshonorante pour l'Angleterre, si l'opposition anglaise, afin de sauver ce Français embarqué de vive force sur un vaisseau de l'Etat, pour être jeté sur les côtes de France, et y être fusillé comme émigré, ne se fût empressée de faire insérer dans l'*Albion*, son journal : « L'ancien chargé des affaires de Louis XVI retourne en France, elle va recouvrer un grand financier, la justice un ardent défenseur, et

« la liberté un sage ami. » L'empereur des Français, au lieu de le faire mettre en jugement, l'envoya plus tard organiser les finances de la République Cisalpine.

34. Ce génie le plus extraordinaire qu'on ait jamais vu en banques, en finances publiques et en spéculations, gagna en trois mois, sur les changes de la place de Hambourg, 2 millions de francs, à la grande surprise du célèbre Rivarol, son commensal, et des gens de bourse qui excitèrent contre lui une émeute, dont il s'est sauvé miraculeusement (*historique*).

Étant à son lit de mort en 1828, il a prédit que le problème de la Banque d'agriculture serait résolu par l'auteur qu'il voulait bien nommer son élève. Puisse-t-il avoir dit vrai!

35. Soyons vrais : quand la Chambre des pairs a refusé à M. de Villèle et aux députés de voter une économie annuelle de 28 millions, par la réduction des 5 p. 100 à 4 (ce qui ferait aujourd'hui, avec les intérêts cumulés, près d'un milliard), elle ne savait pas alors plus que nous qu'elle rendait à la France le plus grand service, en facilitant plus tard la formation d'un fonds social pour la Banque d'agriculture, et que, par conséquent, elle fournissait la solution de ce grand problème. Cette Chambre se pénétrera combien doit être faible la voix de l'auteur, homme isolé, qui a déjà un pied dans la tombe; elle voudra faire entendre sa propre voix pour entraîner les ministres à proposer la loi du salut de notre agriculture pour la richesse réelle de la France et le plus grand bien-être de tous ses travailleurs.

36. Les biens que donne la terre sont les seules richesses inépuisables, et tout fleurit dans un État où fleurit l'agriculture, disait le bon Sully au bon aïeul de Louis-Philippe. Aussi Louis-Philippe lui-même, voulant faire tourner tous les esprits vers l'agriculture et l'industrie, a-t-il signalé, pour ainsi dire, son avénement au trône par la suppression des revenus immoraux des jeux et de la loterie; ce que n'avaient point compris ni l'ancien régime, ni la République, ni l'Empire, ni la Restauration.

37. Qui mieux que ce roi comprendrait le mouvement centuple donné aux affaires par une Banque d'agriculture qui, dans les années d'abondance, mettrait en réserve le surcroît des produits susceptibles de conservation, et en même temps les mettrait en mouvement par un signe représentatif qui serait plus recherché que l'or même, selon l'expression du directeur en chef du contrôle du trésor, parce que ce signe procurerait, dans les mains du porteur, un intérêt journalier qui, quelque léger qu'il fût, vaudrait toujours mieux que les espèces d'or et d'argent qui ne rapportent rien du tout?

38. La France, ce royaume si heureusement favorisé de la nature, par la bonté de son sol, baigné par les deux mers, riche enfin de ses nombreux et courageux enfants, ne peut que le devenir davantage par la prospérité des autres peuples. Quelle différence avec l'Angleterre réduite à ne pouvoir plus se soutenir que par l'abaissement des autres? de quel œil jaloux l'oligarchie anglaise verrait-elle l'établissement de notre Banque d'agriculture? et combien ne susciterait-elle pas chez nous de troubles pour l'empêcher d'avoir lieu? Mais fions-nous à celui qui nous gouverne, au plus grand politique qui ait existé et qui finira, si je ne me trompe, par un grand acte qui étonnera le monde entier pour sa gloire éternelle et celle de sa race.

39. Il était impossible que le sujet d'un établissement comme la Banque d'agriculture, qui embrasserait tous les intérêts matériels de la France, n'élevât pas ma pensée vers son roi et ne me le fît voir tel que le patriotisme désire qu'il soit, dans l'intérêt d'une des choses les plus importantes qui restent à faire.

40. La terre a dit à l'homme : Sois libre ; fouille dans mon sein ; déchire mes entrailles ; et, pour quelques gouttes de sueur, je te donnerai des trésors de jouissance. Mais que peut l'homme, quand un excès de civilisation ou l'avarice lui ôte les instruments nécessaires ! La Banque d'agriculture ne les lui prêtera pas ; elle les lui donnera, à la condition que les législateurs reconnaîtront que, pour le bonheur de notre société, ce n'est pas diviser avec Machiavel, mais réunir, qu'il faut, avec Tacite.

41. La Banque ferait des avances à l'agriculture, non sur le sol, mais sur les produits susceptibles de conservation. Les hommes d'État dont l'aperçu est si rapide, comprendront que ces avances sans intérêt pourraient s'élever progressivement jusqu'au chiffre du grand livre pour en être la garantie, comme le disait, dans sa lettre, le chevalier Petit.

42. Pour l'un des premiers effets de cette Banque d'agriculture, les 5 pour 100 remboursables les derniers monteraient progressivement jusqu'à 250 fr. ; les autres, avec les 4 p. 100, sous le coup du remboursement à leur pair, resteraient stationnaires ; et les 3 monteraient à 150 , parce que l'intérêt de l'argent ne serait plus qu'à 2 ou 3 p. 100.

43. Le fonds de la Banque serait tellement considérable, sans le secours des banquiers ni des capitalistes, que le gouverneur de cet établissement devrait être à la nomination du roi. MM. les pairs et les députés, résidant au chef-lieu des divisions militaires, seraient

les membres nés des conseils d'administration des succursales divisionnaires , composées de toutes les notabilités du chef-lieu.

44. M. Laffitte, dans un de ses discours à la Chambre, en 1829, a dit que les signes représentatifs de cette Banque seraient recherchés par tous les capitalistes du royaume.

45. M. le banquier Ardouin, consulté aussi en 1829, a dit que toutes les maisons de banque les plus considérables et patriotes s'empresseraient de garantir de toute leur fortune et de tout leur crédit le mouvement de cette banque, pour créer la richesse réelle en France.

46. Personne n'aura à revendiquer la propriété du projet. Il appartient à moi seul ; je n'ai point d'associé ; il ne doit pas un écu, une idée, un seul mot à qui que ce soit. Je n'ai pas même emprunté à l'empereur sa pensée , je ne la connaissais pas. Je dois tout à l'amour de la patrie qui nous inspire, et à ma foi en une puissance au-dessus de notre pauvre humanité. J'ai renoncé à toute indemnité. En donnant la solution en 1829 à MM. les pairs, dans mon opuscule intitulé : *la Chambre des Pairs et les Ministres* , j'ai repoussé toute action dite d'industrie ; je n'ai promis d'emploi à aucun , mais à tout le monde suivant sa capacité. Personne donc ne pouvant revendiquer la propriété du projet , je le donne à l'Etat , je le dépose aux pieds du trône.

47. Comme il n'y a pas une seule notabilité en France qui ne se croirait honorée de faire partie des conseils d'administration qui présideraient aux mouvements de la Banque d'agriculture, telle qu'elle est conçue, les ministres pourront choisir facilement parmi les plus notables, les président, vice-présidents, commissaires, conseillers, enfin nommer à toutes les principales fonctions à la Banque centrale à Paris et aux banques succursales divisionnaires.

48. Après plus d'une demi-heure d'entretien, et après avoir lu cet écrit, M. le ministre Cunin-Gridaine m'a invité à m'adresser à tous les ministres en conseil, où le projet serait examiné pour décider, après s'être éclairés mutuellement par la discussion, s'il est admissible, et s'il doit donner lieu à une proposition de loi aussitôt que la compagnie d'exploitation serait formée. Je ne pense pas qu'aucun ministre ait jamais pu rien dire de plus juste ; et je le répéterai toujours, quand bien même je viendrais à savoir qu'il a été l'adversaire le plus prononcé de mon projet dans le conseil, où, tout se décidant à la majorité, l'opinion d'un seul ne fait pas loi. Si mon projet est adopté, tant mieux pour tout le monde ; s'il ne l'est pas, tant pis pour tout le monde.

CHAPITRE II.

MOYENS D'EXÉCUTION.

49. D'après ce que nous avons cité ci-dessus (n^{es} 14 , 15 et 16), le fonds social de la Banque d'agriculture qui serait de 100 millions tout d'abord, s'élèverait progressivement au chiffre du grand livre, pour être toujours uniquement consacré à l'encouragement de notre agriculture et à aider l'État dans des cas de besoins extraordinaires.

50. Quel est l'agent de change ou le sage possesseur de 5 p. 100 qui ne reconnaîtra :

1° Que si la loi pour la Banque d'agriculture est rendue comme il a été dit, cette Banque n'aurait pas, dans la première semaine, au moins 4 millions de rentes se disputant les premières inscriptions, pour être remboursées les dernières, lesquelles, au capital de 121 suivant le cours à ce jour, feraient 100 millions ;

2° Que dans quinze jours la Banque aurait le double d'adhésions ; enfin, dans un mois, le triple et le quadruple ;

3° Qu'il est présumable que tous les possesseurs sérieux de 5 p. 100 voudraient être remboursés les derniers parmi eux, et surtout après les 4 1/2, les 4 et les 3 p. 100 , en vertu de la loi qui le leur garantirait ;

4° Enfin qu'ils béniront cette loi, comme le plus grand bien qui ait pu leur advenir. La discussion de la pétition fera connaître les améliorations à apporter au projet.

Exemple du mouvement et du bénéfice.

51. La Banque dirait au propriétaire du sol, dans les années d'abondance : vous ne pouvez vendre votre blé à 15 fr. l'hectolitre : en voici 16 ; et il restera votre propriété à la garde des habitants et de la compagnie, dans les silos (1), non pour en faire le commerce,

---

(1) Est-il vrai qu'un silo, pouvant contenir 2,000 quintaux métriques, se trouve à la ferme de M. *Aubergé*, près Melun, et qu'il a prouvé à la Société d'agriculture que ses dépenses, pour ce silo construit depuis 15 ans, et où rien ne se détériore, s'étaient élevées seulement à 1,100 fr.? S'il y a réponse affirmative, tout est résolu pour la Banque d'agriculture en France : car, d'après l'exemple ci-dessus, la conservation de 2,000 quintaux métriques de blé restés 15 ans dans le silo, ne coûterait par an, pour chaque hectolitre, que 3 centimes, et le silo appartiendrait à la Compagnie, pour qu'il n'en coûtât plus un centime de conservation, après les 15 premières années. Nous avons l'expérience des siècles, en remontant jusqu'à César, pour la conservation du blé dans les silos. Il ne s'agit que de savoir bien les construire.

mais sous le nom de réserve pour les mauvaises années et n'être livré à la consommation qu'au prix de 24 francs, la limite la plus élevée pour l'importation des blés étrangers; d'où il résulterait que, même dans les années de disette, on ne payerait jamais en France le pain au-dessus de 15 centimes le 1/2 kilogramme (3 sous la livre). La Banque agirait de même pour les autres produits susceptibles de conservation sans frais ni déchet, ou ceux-ci à la charge des propriétaires.

52. On suppose qu'un propriétaire livre ainsi à la compagnie 100 hectolitres de blé à 16 fr., ce qui ferait pour lui, une somme de 1,600 francs, sans en payer l'intérêt. Et voici comment : La Banque lui délivrerait une rescription de 1,600 francs rapportant un intérêt annuel de 4 p. 100 environ. Veut-il au moment même le montant de cette inscription? La compagnie le lui compte en argent; et c'est elle alors qui reste dépositaire de la rescription dont elle encaisse les intérêts à son profit jusqu'à ce que le blé qu'elle représente soit livré à la consommation (1), comme il vient d'être dit, au prix de moitié en sus de la valeur nominale de la rescription. La moitié du bénéfice, déduction faite des 4 p. 100 d'intérêt annuel, serait donnée aussitôt au propriétaire du sol et l'autre moitié au propriétaire du 5 p. 100. Les 4 p. 100 d'intérêts annuels payés par la compagnie à elle-même seraient pour ses frais, et pour parvenir à avoir, avec le temps, une richesse réelle égale au chiffre du grand-livre, richesse toujours appartenant aux propriétaires des 5 p. 100 actionnaires seulement pour un cinquième, et jamais remboursés des autres 4, pour ainsi dire, puisque ce ne serait qu'après les 3 p. 100. C'est ainsi que le remède sortirait du mal même, comme l'avait entrevu Napoléon.

Ecritures à faire par le Trésor.

53. Le Trésor délivrerait aux rentiers consentant à être les banquiers de l'association dont il s'agit, un titre de 4 p. 100, portant en tête un numéro d'ordre, relativement à son rang pour le rembour-

(1) M. Delastours, député en 1819, a fait distribuer alors à la Chambre un projet de réserve de blé en même temps que le nôtre et celui de M. Ternaux. Le projet de M. Delastours renfermait un tableau du prix annuel du blé à la halle de Paris, en remontant jusqu'à 400 ans. On voyait, par ce tableau, qu'on ne pouvait trouver une seule série de cinq années de suite, sans que le prix du blé ne se soit élevé au moins au double du prix ordinaire. Pourquoi cela? parce que, sur cinq années, en France, il y a une récolte médiocre et une mauvaise. La Compagnie n'attendrait jamais que le prix eût doublé : elle serait obligée, par ses statuts, de vider les silos aussitôt qu'il aurait atteint la limite de l'importation, pour que le meilleur pain, où entreraient toutes les parties les plus substantielles, ne revînt jamais au delà de 15 centimes le demi-kilogramme (12 sous le pain de quatre livres).

sement, et exprimant qu'il est actionnaire de la Banque, pour les bénéfices auxquels ce titre lui donnerait droit.

54. Le Trésor délivrerait un autre titre aussi en 4 p. 100 pour le cinquième qui serait concédé à la Banque sur les 5 p. 100 actuels. Ce titre exprimerait le même numéro d'ordre de remboursement que celui d'où proviendrait le fonds social de la Banque.

55. Au surplus, ces écritures à faire par le Trésor seront mieux conçues par un agent de cette partie et par un agent de change, afin que les mutations les transferts n'éprouvent pas la plus légère entrave dans leur mouvement incessant.

CHAPITRE III.

CONCLUSION.

56. Des personnes haut placées et justement estimées pour leurs connaissances spéciales sur la matière, ayant affirmé authentiquement que le problème de la Banque d'agriculture était résolu, comme l'avait entrevu le génie de l'Empereur, la saine raison, le devoir et le respect commandaient à l'auteur de faire l'hommage de cette solution à MM. les membres du pouvoir exécutif. Si ce projet obtient aussi leur approbation, ils voudront sans doute prendre l'initiative d'une proposition de loi qui ferait mettre en mouvement la Banque d'agriculture pour éterniser le souvenir de leur administration, et de la législature où la loi aurait été votée.

57. Assurément, ceux des agents du pouvoir qui savent que, dans des départements, nombre de prolétaires ne gagnent que 10 à 12 sous par jour, et quelquefois moins, ne pourraient qu'applaudir aux progrès que réaliserait l'établissement de la Banque d'agriculture, qui, sans demander un centime de plus à l'impôt, procurerait partout un travail incessant et bien retribué. Ainsi seraient accomplis les vœux si nobles du prince choisi par la France, et déjà surnommé le roi des travailleurs. Ah ! si le roi le savait, comme on dit : oui, si le roi savait le progrès proposé, il dirait : réalisez-le , Messieurs, ou faites mieux. Plus de paroles ; des faits : accomplissez, pour le soulagement de l'humanité , la haute pensée d'un de mes prédécesseurs; hâtez-vous de proposer la loi qui favorisera l'association volontaire de propriétaires de la rente avec des propriétaires du sol. Voilà ce que dirait celui qui fut l'instrument providentiel de notre salut en 1830, et qui désire avant tout que la nation du grand Henri, son aïeul , redevienne avec ses Sully et ses Colbert, l'avant-garde de la civilisation du monde.

APPENDICE.

1° Copie de la Lettre aux Ministres.

Messieurs les Ministres,

J'ai l'honneur de vous faire hommage d'un court mémoire sur la *création d'une Banque d'agriculture liée avec la dette publique.*

Aucune question plus digne d'intérêt que celle de l'extinction successive de la dette publique et d'une Banque d'agriculture ne saurait être l'objet de vos délibérations. Le projet que je présente tend à unir ces deux idées en une seule et même mesure qui associerait les rentiers avec les propriétaires du sol.

Si vous voulez bien parcourir ce mémoire, j'ose croire que vous apprécierez la pensée patriotique et toute désintéressée qui l'a dicté, et je serais heureux qu'il vous fournît l'occasion et le moyen d'être utile, à la France en la dotant d'une Banque d'agriculture qui concourrait si puissamment aux progrès sociaux.

Veuillez agréer, Messieurs les Ministres, l'assurance du respectueux dévouement de votre très-humble serviteur,

Collière de Bonifacio,
rue de Clichy, 64 et 66.

Paris, le 4 janvier 1844.

2° Copie de la Pétition à la Chambre des Pairs et à la Chambre des Députés.

Messieurs les Pairs, Messieurs les Députés,

L'extinction successive de la dette publique est devenue plus urgente que jamais ; la création d'une Banque d'agriculture est indispensable si l'on veut que notre pays atteigne toutes les prospérités qui s'ouvrent devant lui. Ces deux grandes mesures sont impossibles à réaliser isolément, tout le monde en tombe d'accord. Je viens proposer aux Chambres de les réunir en une seule qui doit associer les rentiers aux propriétaires du sol dans leur intérêt commun et dans l'intérêt général de l'État.

A l'appui de cette pétition que recommande assez l'importance d'une telle question, j'ai l'honneur de mettre sous les yeux de votre commission un court mémoire sur la *création d'une Banque d'agriculture liée avec la dette publique.*

Je serais heureux, Messieurs, que la lecture de ce travail déterminât les Chambres, soit à provoquer de la part du gouvernement une proposition de loi dans ce but, en ordonnant le renvoi de la pétition au conseil des ministres, soit à en faire l'objet de leur initiative.

Veuillez agréer, Messieurs les Pairs et Messieurs les Députés, l'assurance du respectueux dévouement de votre très-humble serviteur,

COLLIÈRE DE BONIFACIO,

Ancien agent principal des finances et des subsistances aux armées.

Paris, le 4 janvier 1844.

3° Note sur l'Auteur.

L'auteur s'est occupé de cette question complexe par une raison bien simple. Il a été employé des vivres de la guerre dès 89, ensuite dans les finances; et ces deux parties sont précisément les seules dont se compose la Banque qu'il a commencé à traiter dans son opuscule de 1814. Le présent mémoire sera donc son dernier mot sur la question.

En effet, un filateur de l'arrondissement de Sedan, qu'au dehors et même dans sa famille on nomme *l'homme modèle*, me presse depuis un an, vu mon grand âge, de prendre ma retraite auprès de lui. Cédant enfin à ses généreuses instances, je viens de donner la démission de mon emploi dans l'administration des *Messageries Laffitte et Caillard*, l'entreprise la plus utile au commerce et la plus courageuse qui ait eu lieu de nos jours. Je dis la plus utile et la plus courageuse, parce qu'elle s'est élevée en face d'un *colosse-borne*, et qu'elle l'a forcé, sous peine de mort, de sortir de l'ornière pour entrer, concurremment avec elle, dans la voie des améliorations progressives.

Je ne quitte pas cependant sans regret mes nombreux camarades depuis dix-sept ans, dans cette vaste et honorable entreprise. Aussi entrent-ils pour leur part d'intérêt dans mon projet que l'un d'entre eux a fort bien compris.

Que mon ancien camarade dans la campagne de Prusse, le trésorier actuel de la Couronne, trouve particulièrement ici l'expression de ma reconnaissance pour son bienveillant et honorable souvenir, et pour l'audience qu'il m'a obtenue de M. le Ministre des finances. Le plus grand pas semble fait, si ce n'est pour le présent, du moins pour l'avenir, puisque les bureaux de Son Excellence, après avoir gardé, pendant quinze jours, le manuscrit de ce mémoire pour l'examiner profondément, n'ont pas contredit, en le renvoyant à Sedan, la lettre de l'ancien directeur en chef du contrôle central du Trésor, par laquelle il affirme qu'une heureuse inspiration a résolu le problème de *la Banque d'agriculture liée au crédit public.*

Paris, Imprimerie de Paul DUPONT et Comp.

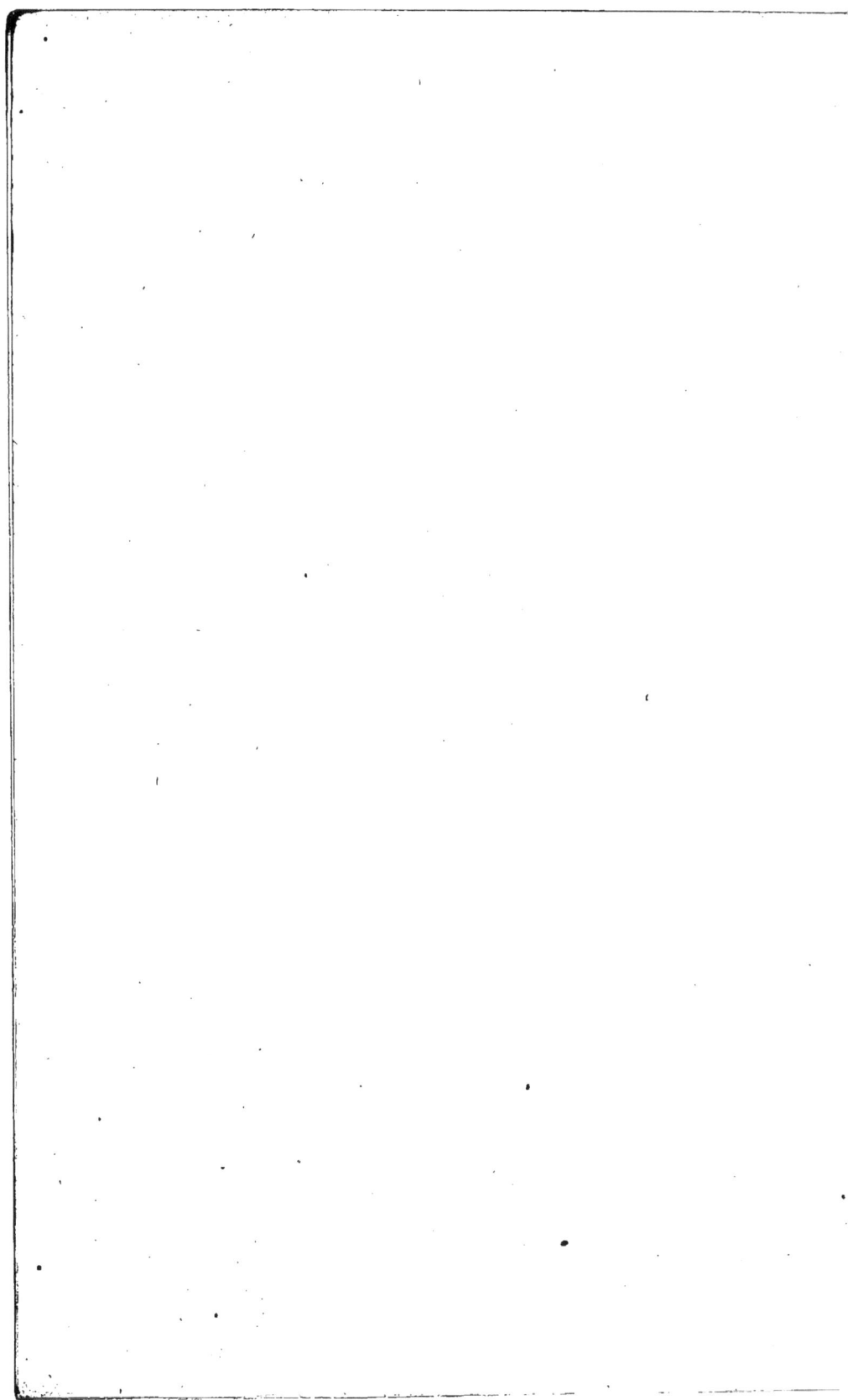